CATALOGUE

DE

PARFUMERIES

DE LA FABRIQUE

DE BOURASSET,

Breveté du Roi.

PARIS.

Rue Royale-Saint-Martin, n° 12,

À La Chapelle, même Maison,

RUE DES FRANCS-BOURGEOIS, N° 10.

1829.

CATALOGUE.

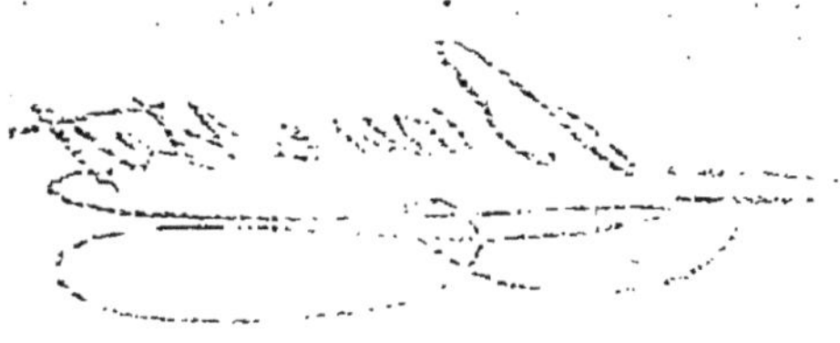

AVIS ESSENTIEL.

Afin d'éviter les erreurs, et pour prévenir tout retard dans les expéditions, j'ai fait ouvrir une série de numéros d'ordre que j'ai fait placer à la fin de mon catalogue; je prie Messieurs mes commettants de vouloir bien, autant que possible, rappeler dans leurs demandes le numéro d'ordre qui correspond à chaque article.

PARIS. — IMPRIMERIE ET FONDERIE DE G. DOYEN.
RUE SAINT-JACQUES, N. 38.

CATALOGUE

DE

PARFUMERIES

DE LA FABRIQUE

DE BOURASSET,

Breveté du Roi,

PARIS.

Rue Royale-Saint-Martin, n° 12;

à La Chapelle, même Maison,

RUE DES FRANCS-BOURGEOIS, N° 10.

1829.

CATALOGUE

DE

PARTICULARITÉS

DE LA FABRIQUE

DES BOURGADES

PARIS.

Bouquié-Saint-Honoré,

rue de Chapel, ancien Mhaison,

1845.

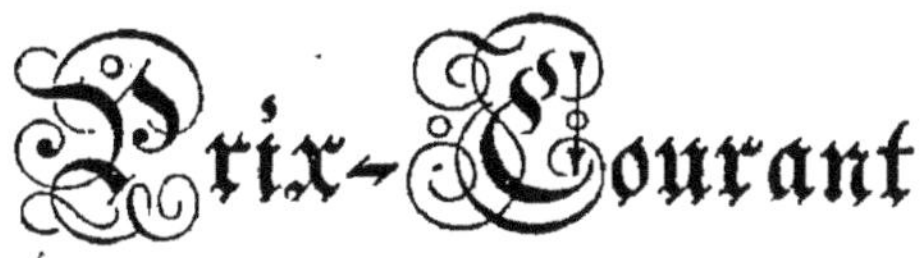

Prix-Courant

DE

PARFUMERIES

FINES ET SUPERFINES.

Pommades

DE TOUTES ESPÈCES.

Les odeurs bien variées seront assorties au gré des commettants.

POMMADE FINE,

EN POTS DE FAÏENCE VERTE.

Nᵒˢ D'ORDRE.	PRIX DE LA DOUZAINE.	
	fr.	c.
1. Pots de demi-once, assortie d'odeurs	2	50
2. — d'une once, idem	4	"
3. — deux onces, idem	6	"
4. — quatre onces, idem	9	"

POMMADE SUPERFINE,

EN POT DE FAÏENCE VERTE,
AVEC ADRESSE IMPRIMÉE EN NOIR SUR LE POT.
ÉTIQUETTE A FLEURS COLORIÉES.

5. Pots d'une once, odeurs assorties	6	"
6. — deux onces, idem	9	"
7. — quatre onces, idem	12	"

POMMADE SUPERFINE,

EN POTS DE VERRE CANNELÉ, ÉTIQUETTE A FLEURS.
PAR BOITE EN CARTON DE SIX POTS.

8. Pots de demi-once	5	50
9. — d'une once	6	"
10. — deux onces	9	"

Nos D'ORDRE.

EXTRAIT DE POMMADE,

EN POTS DE FAÏENCE BLEU JASPÉ, ADRESSE IMPRIMÉE SOUS LE POT,
ÉTIQUETTES A PORTRAITS TIRÉES DU PETIT COURRIER DES DAMES.

Par cartons de six pots.

Nos		PRIX DE LA DOUZAINE	
		fr.	c.
11. Pots d'une once........................		9	//
12. — deux onces........................		12	//
13. — quatre onces........................		18	//

EXTRAIT DE POMMADE,

EN POTS DE PORCELAINE, ÉTIQUETTES A TÊTES.

Par cartons de six pots.

Nos	fr.	c.
14. Pots d'une once, porcelaine unie....................	12	//
15. — — — à filets et fleurs peintes....	15	//
16. — — — — décorés richement..	24	//
17. — deux onces, — unie....................	18	//
18. — — — à filets....................	21	//
19. — — — — décorés richement..	55	//
20. — une once, — unie, avec couvercle......	15	//
21. — deux onces, — unie, avec couvercle......	18	//
22. — une once, cristal à côtes....................	18	//
23. — deux onces, cristal à côtes....................	24	//

EXTRAIT SUPERFIN DE POMMADE,

ÉTIQUETTES A TÊTES, IMPRIMÉES SUR SATIN.

Par cartons de six pots,

ASSORTIS D'ODEURS RECHERCHÉES.

Nos	fr.	c.
24. Pots d'une once, faïence bleu jaspé....................	15	//
25. — deux onces, idem....................	21	//
26. — d'une once, porcelaine à filets, et adresses d'or....	24	//
27. — — décorés richement....................	50	//
28. — forme vase....................	50	//

EXTRAIT SUPERFIN DE VANILLE,

ODEUR CONCENTRÉE.

EN POTS D'UNE FORME ÉLÉGANTE.

Nos	fr.	c.
29. Pots d'une once, bleus, de forme élégante, étiquette à fleurs.	15	//
30. — d'une once, porcelaine à filets d'or............	18	//

EXTRAIT

DE

Pommade à l'Ambroisie

ET A LA MOUSSELINE,

EN POTS BLEU JASPÉ, ÉTIQUETTE A SUJET COLORIÉ.

		PRIX DE LA DOUZAINE.	
		fr.	c.
51. Pots d'une once.		9	//

Pommade de Flore,

EN VASES DE CRISTAL, MOULÉS, D'UN JOLI GOUT.

Par carton de six vases.

		fr.	c.
52. Vase de cristal cannelé d'un joli goút, orné d'une jolie étiquette.		18	//
53. Le même, chaque pot dans un joli étui.		24	//
54. Pots d'une once, bleu jaspé.		12	//

Cette pommade est un composé des aromes les plus suaves.

Pommade Sylphide,

POUR FAIRE TENIR LES CHEVEUX BOUCLÉS.

Par cartons de six pots.

		fr.	c.
55. Pots d'une once, bleus, d'une forme élégante, décorés d'une jolie étiquette, et accompagnés d'un prospectus orné d'une vignette.		12	//

Cette Pommade est d'une utilité incontestable pour les personnes dont les cheveux très-fins ont de la difficulté à tenir la frisure.

POMMADES

DE PROPRIÉTÉS DIVERSES.

	PRIX DE LA DOUZAINE.	
	fr.	c.

POMMADE A LA MOELLE DE BŒUF,

EN POTS DE FAÏENCE VERTE, ÉTIQUETTE EN NOIR.

	fr.	c.
36. Pots d'une once..	3	"
37. — deux onces...	4	50
38. — quatre onces...	6	"

VÉRITABLE MOELLE DE BŒUF.

EN POTS DE FAÏENCE BLANCHE,
ADRESSE IMPRIMÉE EN NOIR SUR LE POT.

	fr.	c.
39. Pots d'une once, étiquette coloriée...................	6	"
40. — deux onces, idem.....................................	9	"
41. — quatre onces, idem....................................	12	"

POMMADE DE GRAISSE D'OURS

AUX FEUILLES DE NOYER.

EN POTS DE FAÏENCE VERTE, ADRESSE IMPRIMÉE EN NOIR SUR LE POT.

	fr.	c.
42. Pots d'une once..	6	"
43. — deux onces...	9	"
44. — quatre onces...	12	"

VÉRITABLE

GRAISSE D'OURS DU CANADA,

COULEUR ROSE,

POUR FAIRE CROÎTRE ET CONSERVER LES CHEVEUX.

	fr.	c.
45. Boîtes rondes de tôle vernie, avec sujet imprimé sur la boîte.	18	"
46. Pots d'une once, porcelaine à couvercle..............	15	"
47. — deux onces, idem.....................	18	"

CRÊMES POUR LE TEINT.

	fr.	c.
48. Crème de concombres, pots d'une once, bleu jaspé.....	6	"
49. — de limaçons, idem, idem.......	6	"
50. — de Perse, idem, par cartons de six pots.	10	"
51. — — idem, cristal à côtes........	15	"

	PRIX DE LA DOUZAINE.	
	fr.	*c.*

POMMADE CONCRÈTE

POUR DRESSER ET LISSER LES CHEVEUX ET FAVORIS,

PARFUMÉE AUX ODEURS FINES.

55. Bâtons d'une once, enveloppés de paillons............	6	*ıı*
56. — — . pommade brune et noire.........	4	*ıı*

CIRE A MOUSTACHES.

57. Bâtons de nuance blonde......................	5	*ıı*
58. — de nuance brune......................	5	*ıı*
59. — de nuance noire......................	5	*ıı*

POMMADE ROSE POUR LES LÈVRES.

60. Boîtes de buis, petit modèle...................	5	*v*
61. — de bois de rose, fort modèle.................	6	*ıı*

POMMADES EN BATONS,

A ODEURS FINES,

Enveloppées dans du papier blanc.

62. Bâtons d'une once......................	6	*ıı*
63. — deux onces......................	9	*ıı*
64. — quatre onces......................	12	*ıı*

POMMADE COLLANTE,

POUR LES FAUX-TOUPETS.

65. Bâtons.................................	9	*ıı*

Cette pommade, d'une odeur agréable, a l'inappréciable avantage de permettre d'enlever et de replacer soi-même avec facilité le faux-toupet.

CIRE A GIBERNE,

D'UN SUPERBE POLI.

66. Bâtons grand modèle......................	4	*ıı*
67. — petit modèle......................	2	*ıı*

Suite des Pommades de toutes Qualités.

	PRIX
	DE LA DOUZAINE.

POMMADE NOIRE.

POUR NOIRCIR INSTANTANÉMENT LES CHEVEUX.

	fr.	c
68. Pots d'une once, faïence verte.....................	6	"

POMMADES A LA LIVRE.

DE TOUTES QUALITÉS.

	fr.	c
69. Pommade jaune à la bergamote.....................	1	60
70. — blanche au citron.....................	1	20
71. — — à la lavande.....................	1	20
72. — grise.....................	1	60
73. — fine, assortie d'odeurs.....................	4	50
74. — superfine, idem.....................	6	"
75. — extrait.....................	8	"
76. — graisse d'ours au noyer.....................	8	"
77. — commune, en petits bâtons. (Le prix varie selon le cours de la graisse.).....................	"	"

NOTA. Dans l'intérêt de nos commettants, nous les prévenons que les pommades au jasmin et à la tubéreuse doivent être demandées pendant l'hiver, les grandes chaleurs leur étant nuisibles : nous les engageons également à éviter d'exposer cet article à la chaleur.

Pâte Minérale

POUR

RAVIVER LE RASOIR SANS ALTÉRER LA TREMPE.

	fr.	c
78. Boîtes de buis, avec prospectus indiquant la manière de s'en servir.....................	6	"

HUILES
DE TOUTES ESPÈCES.

Par   Brevet

du   Roi.

LI-KAO-LAK,

IMPORTÉ DE LA CHINE.

N° 100.   ———————◦◦◦———————

Le succès qu'obtient tous les jours, tant en France qu'à l'étranger, cette composition pour laquelle je suis breveté, me dispense d'en redire les avantages. C'est un véritable trésor pour la chevelure.

L'enveloppe de cette composition est d'une élégance unique. Chaque flacon, carré-long incrusté sur les quatre faces, est contenu dans une boîte de forme chinoise, entouré d'un petit ouvrage imprimé avec soin, et dans lequel on lit, avec l'historique de l'objet, des détails curieux et intéressants sur l'empire de la Chine.

Chacune de ces boîtes est enveloppée d'une étiquette imprimée en deux couleurs, avec ma signature en encre rouge sur un fond noir tremblé.

Le prix de vente au détail, pour Paris, est imprimé sur l'extérieur de l'étiquette, 4 francs le flacon, prix marchand.................. 56 fr.

Les personnes qui prennent une douzaine ont droit au treizième.

Un tableau gravé avec soin, représentant une vue de la Chine, se donne aux personnes qui en prennent une certaine quantité. Cet accessoire facilite beaucoup la vente.

HUILE ANTIQUE,

POUR LISSER LES CHEVEUX.

EN FLACONS DE CRISTAL DE DIVERS FORMATS.

Odeurs fines assorties.

			PRIX DE LA DOUZAINE.	
			fr.	*c.*
101.	Boutons ronds		3	"
102.	— d'une demi-once		4	50
103.	— d'une once		6	"
104.	Flacons de cristal incrustés d'un vase		9	"
105.	— forme baril rond		7	50
106.	— forme coquille		7	50
107.	— forme lyre et coquille, petit modèle		6	"
108.	— cannelés à boule, étiquette à portrait		9	"
109.	— — forme plate		6	"
110.	— — en travers, carrés		4	"

NOTA. Tous ces différents modèles, à partir depuis le n° 104, se mettent en cartons de six ou de douze.

EXTRAIT

D'HUILE ANTIQUE,

FORTES ODEURS.

111.	Flacons d'une once, bouchés à l'émeri		15	"
112.	— à la vanille pure		18	"

HUILE

D'AMANDE DOUCE,

TIRÉE SANS FEU.

113.	La livre		1	40

Le débit que je fais de pâte d'amande me permet de donner en tout temps de l'huile fraîche et pure.

HUILES
DE DIVERSES PROPRIÉTÉS,

POUR LA POUSSE DES CHEVEUX.

	PRIX. DE LA DOUZAINE.	
	fr.	c.
114. Huile Philocome, avec prospectus, jolie étiquettte à portrait.	12	″
115. — Comogène, avec prospectus.	12	″
116. — de Graisse d'ours, flacon de cristal incrusté.	12	″
117. — de Macassar, enveloppé d'un petit livret.	12	″

Huile Sylphide,

DESTINÉE

A MAINTENIR LES CHEVEUX CONTINUELLEMENT BOUCLÉS,

MÊME APRÈS L'EXERCICE DE LA DANSE.

118. Flacons de cristal, décorés d'une jolie étiquette, et accompagnés d'un prospectus avec vignette	12	″

HUILES PARFUMÉES,

A LA LIVRE.

119. Huiles fines, à la rose, jasmin, Fleur-d'orange, Tubéreuse, Mille-Fleurs. La livre	4	50
120. Huiles superfines, mêmes odeurs	6	″
121. Huiles extra-fines, Vanille, Réséda, Violette, Héliotrope, Œillet, Bouquet, Jasmin, Rose, Fleur-d'orange	12	″

SÉLÉNITE,

PRÉPARATION CHIMIQUE,

Avec laquelle on peut se teindre soi-même les cheveux en sept nuances,
graduées depuis le très-blond jusqu'au très-noir,
sans le moindre inconvénient.

Nos D'ORDRE.	PRIX. DE LA DOUZAINE.	
	fr.	c.
150. Flacons incrustés de mon nom, renfermés dans une boîte, et accompagnés d'un prospectus indiquant la manière de s'en servir..........................	18	"
151. Flacons ronds, plus grand modèle....................	24	"

NOTA. Un tableau sur lequel sont les sept nuances de cheveux teints par ce procédé se donne, comme moyen d'en activer la vente, aux personnes qui en prendront une certaine quantité.

Eau Romaine,

POUR DÉGRAISSER ET FAIRE FRISER LES CHEVEUX.

152. Flacons de cristal, incrustés de mon nom............	12	"

Eau de Cologne

FRANÇAISE,

RECTIFIÉE ET PERFECTIONNÉE

PAR

SAISSY et BERNIER,

Parfumeurs Brevetés.

———◦◦◦———

Long-temps le préjugé a favorisé la ville de Cologne en lui attribuant exclusivement l'excellence pour la fabrication de l'eau qui porte son nom ; maintenant personne n'ignore qu'en Allemagne même la nôtre a pris le pas sur elle. Ne sait-on pas aussi que le midi de la France est l'empire de Flore, et que Paris est le sanctuaire de la chimie ? c'est à ces titres, et en ne dissimulant aucune des obligations qu'il nous impose, que nous avons donné à notre eau de Cologne le baptême d'une juste vogue en l'appelant FRANÇAISE.

Nᵒˢ d'ordre		PRIX DE LA DOUZAINE	
		fr.	c.
150.	Flacons de cristal incrustés de mon nom, ornés d'une jolie étiquette, par boîtes de six.............	12	//
151.	Rouleaux verre blanc, Nᵒ 18.................	12	//
152.	— verre vert, Nᵒ 18.................	12	//
153.	Demi-rouleaux, verre blanc, par boîtes de douze...	6	//
154.	Rouleaux, verre vert, Nᵒ 12.................	10	//
155.	Demi-rouleaux, verre vert, Nᵒ 12.............	5	//
156.	Rouleaux, verre vert, Nᵒ 10.............	8	//
157.	Demi-rouleaux, verre vert, Nᵒ 10.............	4	//
158.	Rouleaux, verre vert, Nᵒ 8.............	6	//
159.	Demi-rouleaux, verre vert, Nᵒ 8.............	5	//

NOTA. Toutes ces eaux de Cologne sont encaissées en boîtes de six rouleaux.

N°ˢ D'ORDRE.

	PRIX DE LA DOUZAINE.	
	f.	c.

Eau de Cologne,

FRANÇAISE,

CONCENTRÉE.

160. Flacons de cristal, incrustés de mon nom............	48	"

Cette composition est l'Eau de Cologne française réduite à un tel degré de rapprochement, qu'un seul flacon, mis dans un litre d'esprit-de-vin, équivaut parfaitement à cette quantité d'Eau de Cologne française.

Cette composition convient aux voyageurs qui ne veulent pas avoir l'embarras du transport.

EAU DE COLOGNE

N° 18.

EN FLACONS DE DEMI-CRISTAL DE FORMES DIVERSES,

Incrustés et ornés de jolies étiquettes.

161. Flacons octogones............................	12	"
162. — gothiques............................	12	"
163. — barils ronds..........................	12	"
164. — barils plats..........................	12	"
165. — lyres................................	12	"
166. — Dianes..............................	12	"
167. — fontaines............................	12	"
168. — coquilles............................	12	"
169. — soleils..............................	12	"
170. — carrés incrustés......................	12	"
171. Les mêmes flacons, remplis d'eau de cologne N° 12...	9	"

EAU DE COLOGNE

EN RÉGENCE.

172. Régence N° 1 en paquet....................	1	50
173. — N° 2 idem.....................	2	"
174. — N° 3 idem.....................	3	"
175. — N° 4 en boites.....................	4	"

| | PRIX |
| | DE LA DOUZAINE. |

EAU DE COLOGNE

FRANÇAISE.

EN FLACONS DE CHEMINÉE.

Cristal moulé.

	fr.	c.
176. Flacons ronds cylindriques, bouchons à facettes, (541.)	18	ʺ
177. — idem, idem, (540.)	21	ʺ
178. — à embase ornée, idem, (514.)	50	ʺ
179. — idem, idem, (522.)	42	ʺ
180. — forme vase Médicis, idem, (525.)	42	ʺ

DÉPOT

DE LA

VÉRITABLE EAU DE COLOGNE

DE

CHARLES ANTOINE ZANOLI,

RUE DE LA CLOCHE, A COLOGNE;

Rue Royale-Saint-Martin, n. 12, à Paris.

	fr.	c.
181. Grands rouleaux, verre vert	12	ʺ
182. Demi-rouleaux, idem	6	ʺ

EAU DE COLOGNE

AU LITRE.

	fr.	c.
183. Surfine, première qualité, le litre	6	ʺ
184. Fine, Nᵒ 12, idem	4	50
185. — Nᵒ 10, idem	5	ʺ

	PRIX
	DE LA DOUZAINE.
	fr.	c.

EAUX PECTORALES

ET VULNÉRAIRES,

POUR LES CHUTES ET LES CONTUSIONS

EAU DE MÉLISSE DOUBLE,

DITE DES CARMES.

200. Boîtes de six bouteilles, avec prospectus.............	6	"
201. La même, deuxième qualité, en paquet.............	5	"

EAU VULNÉRAIRE DOUBLE,

TRÈS-SPIRITUEUSE.

202. Demi-bouteilles.................	24	"
203. Quarts de bouteille.................	45	"

EAU VULNÉRAIRE SIMPLE.

204. Demi-bouteilles.................	18	"
205. Quarts de bouteille.................	12	"

EAUX
DE
FLEUR D'ORANGE
DIVERSES.

	PRIX DE LA DOUZAINE.	
	fr.	c.

EAU DE FLEUR D'ORANGE TRIPLE.

206. Demi-bouteilles..................................	24	"
207. Quarts de bouteille.............................	15	"
208. Sacoches rondes, verre blanc....................	15	"

DÉPOT
D'EAU DE FLEUR D'ORANGE
DE LA MAISON BROQUIN AINÉ,
PHARMACIEN-DISTILLATEUR,
A HIÈRES, (VAR.)

209. Grandes sacoches carrées	20	"
210. Petites sacoches carrées	10	"

EAU DE FLEUR D'ORANGE
DE MALTE.

211. Flacons de verre blanc, carrés.................	24	"

EAU DE ROSE TRIPLE,

212. Demi-bouteilles..................................	18	"
213. Quarts de bouteille..............................	12	"

EAU

DE

FLEUR D'ORANGE

DE CANNES.

En vases de cuivre dits *estagnons*, contenance de 25 litres.

Le prix de cet article n'est pas coté, à cause de la variation à laquelle l'expose la récolte des fleurs.

Ceux de nos correspondants qui désireraient le tirer directement de Cannes, peuvent s'adresser à M. Saissy, propriétaire à Cannes, département du Var.

Nota. Cette Eau étant susceptible de se geler facilement, nous invitons nos commettants de choisir une toute autre saison que l'hiver pour en former la demande.

N^{os} D'ORDRE.	PRIX DE LA DOUZAINE.

EAUX DE LAVANDE,

DE TOUTES QUALITÉS,

POUR LA TOILETTE.

LAVANDE

FRANÇAISE,

DISTILLÉE AVEC LA FLEUR.

220. Bouteilles de cristal, sans autre étiquette que mon nom
et le mot *Lavande*, incrustés dans le verre . . . . **18** »

*Cet article de mon fonds se recommande par sa qualité
supérieure.*

LAVANDE

DOUBLE.

221. Bouteilles de pinte, verre noir	50	»
222. Demi-bouteilles, idem	15	»
223. Quarts de bouteille, idem	9	»
224. Topettes	9	»
225. Demi-topettes	4	50
226. Régences	1	80

LAVANDE

SPIRITUEUSE.

227. Bouteilles de pinte, verre noir	56	»
228. Demi-bouteilles, idem	18	»
229. Quarts de bouteille, idem	12	
230. Topettes	12	
231. Demi-topettes	6	

	PRIX
	DE LA DOUZAINE
	fr.	c.

LAVANDE AMBRÉE

DOUBLE.

		fr.	c.
252.	Bouteilles de pinte, verre noir	48	"
253.	Demi-bouteilles, idem	24	"
254.	Quarts de bouteille, idem	15	"
255.	Topettes	15	"
256.	Demi-topettes	7	"

LAVANDE ROYALE

ASSORTIE D'ODEURS,

ROSE, FLEUR D'ORANGE, MUSC, ŒILLET, MILLE FLEURS, BOUQUET, BERGAMOTE,

		fr.	c.
257.	Bouteilles noires, cylindriques, avec mon cachet sur la bouteille	33	"
258.	Bouteilles plates, verre noir, forme anglaise	50	"
259.	— — petit modèle.	24	"
240.	Flacons octogones	18	"

EXTRAIT

DE LAVANDE,

POUR LE MOUCHOIR.

		fr.	c.
241.	Flacons de cristal, incrustés de mon nom	18	"

N°ˢ D'ORDRE.		PRIX DE LA DOUZAINE.	
		fr.	c.

EAU DE TOILETTE,

TONIQUE ASTRINGENTE, ET FORTIFIANTE.

Pour rafraîchir les chairs, et donner de la vigueur et du ton
à la peau.

250. Bouteilles de verre noir avec cachet. . . . . | 24 | "

*Cette eau est un composé des arômes les plus suaves; ses
qualités nombreuses la feront préférer à une infinité d'eaux
destinées à la toilette.*

EAU
DE
La Belle Féronnière,

POUR L'USAGE DE LA TOILETTE.

251. Flacons de cristal incrustés de mon nom et décorés d'une
belle étiquette. . . . . | 15 | "

Esprit Double
DE PORTUGAL,

POUR LA TOILETTE.

252. Bouteilles de chopine, à pans, forme anglaise. . . . . | 30 | "
253. — — — — petit modèle. | 24 |

PRÉPARATIONS
Céphaliques, Alkalines
ET RAFRAÎCHISSANTES.

SEL
DE VINAIGRE,

CONTRE LE MAUVAIS AIR.

SANS ODEUR.

		PRIX DE LA DOUZAINE.	
		fr.	c.
260.	Flacons de cristal, carrés, bouchés à l'émeri	15	ʺ
261.	— moulés, avec bouchon à charnière en argent.	55	ʺ
262.	— taillés	42	ʺ
263.	Les mêmes assortis d'odeurs, 5 fr. de plus par douzaine.		

VINAIGRE
CONCENTRÉ,
POUR LES MAUX DE TÊTES OU LES VAPEURS

264.	Flacons carrés, incrustés de ces mots, *aromatic vinegar.*	24	ʺ

Ce vinaigre est rapproché au point d'avoir presque l'aspect d'un sel.

VINAIGRE
ANTI-CONTAGIEUX,
AVEC PROSPECTUS.

265.	Jolies bouteilles octogones........................	15	ʺ

	PRIX DE LA DOUZAINE.	
	fr.	c.

VINAIGRE
DES QUATRE VOLEURS,
POUR PURIFIER L'AIR.

266. Flacons carrés..........................	9	//

VINAIGRE
De Valence,
POUR OTER LE FEU DU RASOIR.
Odeurs assorties.

267. Flacons de cristal, plats, ornés d'une jolie étiquette, et accompagnés de prospectus.................	12	//
268. Flacons carrés, forme anglaise................	18	//

VINAIGRE
POUR LA GARDE-ROBE ET LES BAINS,
PARFUMÉ
AU BAZILIC, A LA CITRONNELLE, A LA LAVANDE, A LA BERGAMOTE.

269. Bouteilles carrées de chopine..................	18	//
270. — — de demi-setier.................	12	//

VINAIGRE
DE CNIDE,
POUR L'USAGE MYSTÉRIEUX DU SEXE.
Avec prospectus.

271. Flacons carrés, de cristal blanc...............	24	//

Le prix de vente au détail est fixé sur l'étiquette à 4 fr. le flacon.

<table>
<tr><td>N^{os} D'ORDRE.</td><td></td><td colspan="2">PRIX
DE LA DOUZAINE.</td></tr>
</table>

PRÉPARATIONS

DENTIFRICES

ET

ANTI-SCORBUTIQUES,

POUR LA CONSERVATION,
LA BEAUTÉ, ET LA PROPRETÉ DE LA BOUCHE.

Poudre Dentifrice

DE SAISSY ET BERNIER.

	fr.	c.
280. En boîtes de bois, à coulisses..........................	12	"

Chaque boîte est accompagnée d'un petit traité sur l'art de conserver les dents.

Cette poudre incomparable produit un effet instantané; elle joint, à une qualité qui n'a rien d'offensant pour l'émail de la dent, une saveur des plus agréables.

POUDRE VERMEILLE,

A LA ROSE.

	fr.	c.
281. Boîtes de carton, forme carrée, à gorge.............	6	"

POUDRE CARBONIQUE,

A BASE DE KINA.

Avec prospectus.

	fr.	c.
282. Boîtes de bois, à coulisses.........................	9	"

POUDRE DE CEYLAN.

Avec prospectus.

	fr.	c.
283. Boîtes de bois, à coulisses, grand modèle.............	12	"
284. — — petit-modèle.............	9	"

N°' D'ORDRE.		PRIX. DE LA DOUZAINE.	
		fr.	c.

POUDRE DE CORAIL.

		fr.	c.
285. Boîtes de carton, ovales, grand modèle		4	50
286. — rondes, idem		4	
287. — — moyen modèle		5	
288. — — petit modèle		2	

OPIAT LIQUIDE.

		fr.	c.
289. Pots de faïence blanche, petit modèle		4	50
290. — — grand modèle		6	
291. —, de faïence bleue, forme vase		7	50
292. — d'étain, petit modèle		6	
293. — — grand modèle		9	

OPIAT A LA ROSE.

		fr.	c.
294. Pots de cristal, moulés		12	"
295. — de porcelaine, à couvercle		12	"

Eau de Miel.

ANTI-SCORBUTIQUE.

Par cartons de six, avec prospectus.

		fr.	c.
296. Bouteilles de cristal cylindriques		18	"
297. Flacons carrés, incrustés de mon nom		12	"

Les qualités précieuses de cette préparation la feront re-
chercher des personnes qui savent apprécier les avantages
d'une bouche bien entretenue; elle laisse après son usage une
fraîcheur et une suavité admirables.

EAU DENTIFRICE.

		fr.	c.
298. Flacons ronds		12	"

	PRIX DE LA DOUZAINE.	
	fr.	c.

ÉLIXIR BALSAMIQUE

ET ODONTALGIQUE.

POUR LES MAUX DE DENTS ET LA PROPRETÉ DE LA BOUCHE.

299. Flacons forme anglaise....................	12	"

TEINTURE DE PYRÈTHRE,

POUR RAFRAICHIR LES GENCIVES.

300. Quarts de bouteille........................	15	"
301. Flacons cylindriques, verre blanc..........	12	"

La fraîcheur de cet élixir le fait particulièrement recher-cher des personnes affectées d'inflammation dans les glandes buccales.

NÉCESSAIRE DE BOUCHE.

302. Boîtes carrées à gorge, ornées de papier de fantaisie....	30	"

Chaque boîte contient une boîte de poudre dentifrice, et un flacon d'eau de miel anti-scorbutique.

PASTILLES INDIENNES

POUR PARFUMER LA BOUCHE.

303. Boîtes en carton, rondes et vernies........	15	"

Ces Pastilles ont pour efficacité reconnue de dégager la bouche d'une mauvaise haleine occasionée par tous les agents de cette incommodité.

	PRIX
	DE LA DOUZAINE.

Sachets en Soie,

PARFUMÉS.

Pour le linge.

	fr.	c.
506. Petits sachets en soie unie	10	"
507. — — rubans croisés dits damiers	18	"
508. — — soie peinte, divers sujets	21	"
509. Moyens sachets, — idem	27	"
510. Grands sachets, — idem	35	"

SACHETS PARFUMÉS

À L'IRIS DE L'INDE

511. En soie imprimée	24	"

L'odeur de cet Iris est des plus agréables et dure très-long-temps.

SACS DE WITIWERT.

512. Sacs de toile brune	12	"

L'odeur de cette racine est un préservatif infaillible contre les vers qui rongent les étoffes de laines ou de soie.

Parfums à Brûler,

ET

PARFUMS DE POCHE.

PASTILLES DU SÉRAIL.

Pour parfumer les appartements.

	fr.	c.
515. Boîtes rondes, de carton, à filets d'or	12	"
516. — plus petites, sans filets	7	50.
517. Pastilles fumantes, à la livre	24	"

EAU FUMANTE,

Pour parfumer les appartements.

	fr.	c.
518. Flacons de 2 bouchés, à l'émeri	24	"
519. Le même, chaque flacon dans un étui décoré	50	"

		PRIX DE LA DOUZAINE.	
		fr.	c.

CASSOLETTES ORIENTALES,

Pour la poche.

520. En bois des îles découpé.....		12	»
521. — de cocos, idem........		15	»
522. En ivoire, idem........		18	»
523. — avec clous d'acier, découpé.....		24	»

VÉRITABLE ESSENCE DE ROSE

De Constantinople.

525. Flacons turcs, très-avantageux, bouchés en verre		18	»
526. — de cou, taillés, avec dés en plaqué...........		24	»
527. — — — en or........		59	»
528. — de cristal, contenus dans un étui gaduchat, à charnière.........		48	»

VÉRITABLE ESSENCE DE ROSE

EN FLACONS DE POCHE.

529. Flacons de cristal gravés, et bouchés en verre.......		56	»
530. Le même, chaque flacon dans un joli étui......		48	»

Cet objet est assez gracieux pour être offert comme un joli cadeau.

EXTRAITS D'ODEURS

POUR LE MOUCHOIR.

Extrait de Bouton de Rose.

555. Flacons de cristal incrustés, ornés d'une jolie étiquette..		18	»
556. Le même, chaque flacon dans un étui décoré.........		24	»

Extrait de Portugal.

557. Flacons de cristal, à pans..................		18	

Extrait d'Oranges de Portugal,

AU ZEST.

558. Flacons de cristal, ornés d'une jolie étiquette.........		18	»
559. Le même, chaque flacon dans un joli étui........		24	»

	PRIX
	DE LA DOUZAINE.

Extrait de Pois de Senteur.

	fr.	c.
340. Jolis flacons incrustés, ornés d'une jolie étiquette	15	»

Extrait d'Ambroisie

ET DE MOUSSELINE.

| 341. Flacons d'une once, bouchés à l'émeri . . . . | 18 | » |
| 342. — de deux onces . . . . . . idem . . . . | 24 | » |

Parfum des Dames.

| 343. Flacons ronds et plats, ornés d'étiquettes à figure . . . . . | 15 | » |

Extrait de Witiwert.

| 344. Flacons ronds, à double boule . . . . | 12 | » |
| 345. Le même en flacons de deux onces, bouchés à l'émeri . | 18 | » |

Quelques gouttes de ce liquide sont un préparatif infaillible contre les vers qui rongent les étoffes de soie ou de laine.

Extrait d'Odeurs,

MODÈLES ASSORTIS.

346. Flacons ronds, d'une once, bouchés à l'émeri	15	»
347. — de deux onces . . . idem	24	»
348. Flacons plats incrustés, avec une jolie étiquette	12	»
349. — rayés, à boule	9	»

Extrait Superfin,

PARFUMANT ÉNORME

A ODEURS ASSORTIES.

| 350. Flacons de cristal incrustés de mon nom, et décorés d'une jolie étiquette . . . . | 24 | » |
| 351. Le même, chaque flacon dans un étui riche . . . . | 55 | » |

Cet objet est, par son élégance et sa bonté, très-propre à être offert en cadeau.

Extrait de Vanille pure.

| 352. Flacons d'une once, bouchés à l'émeri . . . . | 24 | » |

N° D'ORDRE.	PRIX DE LA DOUZAINE.	
	fr.	c.

Eau d'Odeurs doubles spiritueuses.

553. Demi-poisson...	6	"
554. Flacons forme lyre.......................................	6	"
555. — forme grenade..................................	6	"
556. — rayé en travers..................................	4	50

Eau de Ninon de Lenclos.

557. Bouteilles rondes de verre blanc, avec prospectus.........	18	"

Eau de Virginie

POUR MOUILLER LE TABAC.

558. Flacons incrustés de mon nom...........................	18	"

Quelques gouttes de cette eau mélangées avec une livre de tabac lui communiquent une odeur très-agréable.

PRÉPARATIONS

COSMÉTIQUES,

Pour adoucir et rafraîchir la peau.

LAIT DE ROSES,

Pour blanchir et adoucir la peau.

565. Flacons de cristal, grand modèle.......................	18	"
566. — — petit modèle, incrustés de mon nom..	12	"

La vignette ci-dessus sert d'étiquette à cet article.

	PRIX DE LA DOUZAINE.	
	fr.	*c.*

LAIT D'AMANDES.

567. Flacons de cristal, grand modèle....................	18	*n*
568. — — petit modèle...................	12	*n*

ESSENCE VIRGINALE,

Qui efface en peu de jours les rousseurs ou boutons provenant des aspérités de l'air.

569. Flacons de cristal incrustés de mon nom, et enveloppés d'un imprimé....................	12	*n*

CRÈME DE CACAO,

Pour éteindre les chaleurs de la peau, et pour la guérison de toute espèce de boutons ou écorchures.

570. Tasses de faïence, à couvercle, accompagnées d'un prospectus....................	18	*n*

GOLD CREAM,
CRÈME FROIDE.
IMPORTATION ANGLAISE.

571. Pots d'une once, porcelaine à couvercle...............	12	*n*

PATES D'AMANDES
LIQUIDES ET EN POUDRE.

PATE LIQUIDE.

575. Pots de quatre onces, faïence verte................	10	*v*
576. — de huit onces, idem....................	15	*v*

PATE D'AMANDES, LIQUIDE,

Parfumée aux odeurs suivantes :

ROSE, JASMIN, FLEUR D'ORANGE, BOUQUET, VANILLE, VIOLETTE.

577. Pots de quatre onces, faïence verte................	15	*n*
578. — de huit onces, idem...................	24	*n*
579. — de huit onces, porcelaine unie...............	30	*n*
580. — de huit onces, — décorée.............	42	*n*

PATE D'AMANDES, AU MIEL.

581. Pots de quatre onces, faïence verte................	12	
582. — de huit onces, idem....................	18	

Om'b Olmoposka.

ANTI-ANGELURE.

IMPORTATION RUSSE.

		PRIX DE LA DOUZAINE.	
		fr.	c.

585. Pots de faïence à couvercle, avec inscription sur le pot. — 15 | «

Cette préparation très-adoucissante est un véritable anti-dote contre les angelures.

Je préviens mes commettants que cette préparation ne se trouve que dans ma fabrique.

POUDRE D'AVELINES,

Excellente pour le bain et les mains.

584. Boîtes de carton, couvertes de papier rosé............ 5 | «

Véritable

SERKIS DU SÉRAIL,

Pour blanchir et adoucir la peau,

585. Boîtes rondes vernies, d'un nouveau genre, avec prospectus... 15 | «

SERKIS ROSE,

586. Boîtes roses, vernies.............................. 18 | «

PATE D'AMANDES

EN POUDRE.

587. Bise douce, par livre, demi-livre et quart............ » | 50
588. Bise amère....................................... » | 60
589. Blanche douce.................................... 1 | »
590. Blanche amère................................... 1 | 60
591. Blanche amère superfine, première qualité........... 2 | »

PATE D'AMANDES

DES SULTANES.

592. Boîtes carrées, enveloppées dans du papier de couleur... 6 | »
595. — ordinaires.................................. 2 | 50

Produits Chimiques.

ENCRE INDÉLÉBILE

Pour marquer le linge d'une manière durable et d'avance très

400. Étuis jumeaux, de carton verni, avec prospectus coloré... **2 fr.**

L'emploi de cette encre est aussi facile que son effet est certain. L'empreinte que porte le tissu résiste à toutes les lessives et n'altère aucunement le fond.

Un petit tableau imprimé en deux couleurs, et collé sur chaque étui, accompagne chaque douzaine.

EAU LUSTRALE,

Composition avec laquelle on peut nettoyer l'or, l'argent, le platine, l'acier, le cuivre, etc., de l'oxide qui souille leur surface.

401. Flacons ronds, accompagnés d'un prospectus............. **12 fr.**

ESSENCE VESTIMENTALE,

DÉTERSIVE-RÉPARATRICE.

	PRIX DE LA DOUZAINE.	
	fr.	c.
402. Petits cruchous de faïence, imprimés	12	"

Cette essence est une découverte réelle; elle a, sur celles connues, l'avantage d'enlever les taches très-promptement sans fatiguer les étoffes, et ne laisse après elle aucune mauvaise odeur.

ESSENCE VESTIMENTALE.

403. Rouleaux, petit modèle	6	"
404. Essence de citron pour détacher la soie, en boutons ronds	6	"
405. Sel en paquet, pour ôter l'encre et la rouille	4	"

DÉPILATOIRE,

POUR FAIRE TOMBER TOUTES LES PARTIES VELUES.

406. Petites tasses de faïence avec couvercle	18	"

La manière de s'en servir accompagne chaque tasse.

ENCRE MYSTÉRIEUSE,

Pour écrire sans apparence d'écriture que lorsqu'on le désire. Cette encre diffère de celles connues en ce que la manière de faire reparaître l'écriture est n la portée de peu de monde; elle est un cachet sûr pour les correspondances secrètes.

407. Flacons ronds, accompagnés de prospectus	12	"

NOIR DE CHINE,

Pour lustrer les souliers, bottes, et toute espèce de cuir.

408. Cruchons de faïence vernie et imprimée; décorés d'une étiquette en deux couleurs, grand modèle	9	"
409. Le même, petit modèle	6	"

Un fort joli tableau d'un genre unique, et collé sur carton, se donne aux marchands, comme moyen d'en accélérer la vente.

SÉLÉNITE,

Préparation chimique avec laquelle on peut se teindre, soi-même les cheveux en sept nuances.

Voyez folio 10, n° 150.

FABRIQUE DE FARDS

Rouges et Blancs,

DE TOUTES QUALITÉS.

	PRIX DE LA DOUZAINE.	
	fr.	c.
415. ROUGE DE THÉATRE, foncé, en paquets.	5	"
416. — — très-foncé, par cartons de six.	6	"
417. ROUGE DE THÉATRE, en poudre.........l'once	2	50
418. ROUGE AUX FLEURS, pour le spectacle, en pots de faïence.	9	"
419. ROUGE VÉGÉTAL, fin, en pots de faïence.	12	"
420. — — superfin, idem.	18	"
421. ROUGE VÉGÉTAL AUX FLEURS D'ASIE, en pots de porcelaine unie.	24	"
422. ROUGE VÉGÉTAL AUX FLEURS D'ÉGYPTE, en pots de porcelaine.	50	"
423. ROUGE DE VENISE, en pots de porcelaine à filets d'or.	36	"
424. ROUGE VÉGÉTAL DES INDES, idem.	39	"
425. ROUGE VÉGÉTAL AUX FLEURS, en pots de porcelaine, décorés richement.	48	"
426. ROUGE ORIENTAL, superfin, en pots de porcelaine décorés richement.	60	"

ROUGE-VERT

DE PERSE.

430. Pots peints en bleu, à la chinoise.	54	"
431. Le même, chaque pot dans un étui riche.	60	"

Cet article, importé par moi, ne se trouve que dans ma fabrique.

	PRIX DE LA DOUZAINE.	
	fr.	c.

VINAIGRE DE ROUGE,

ASSORTI DE NUANCES,

PALE, FONCÉ, ET TRÈS-FONCÉ.

	fr.	c.
452. Pâle, grand modèle, flacons carrés..................	18	″
453. Foncé, — idem.....................	18	″
454. Très-foncé, — idem...............	18	″
455. Les mêmes nuances, moyen modèle...............	12	″
436. Les mêmes nuances, en boutons................	9	″

Blancs de Perle.

	fr.	c.
438. BLANC POUR LE THÉATRE, en pot de faïence....	7	50
459. BLANC VÉGÉTAL, fin, idem.........	12	″
440. BLANC DE PERLE VÉGÉTAL, fin, pots de porcelaine unis.................	18	″
441. Le même, très-fin..................	24	″
442. BLANC DE PERLE AUX FLEURS, pots de porcelaine à filets d'or.................	50	″
443. Le même, pots décorés.................	50	″
444. Le même surfin, pots décorés richement.............	48	″
445. Crepon de Strasbourg..................	9	″

TAFFETAS D'ANGLETERRE,

POUR LES COUPURES.

	fr.	c.
447. Première qualité, en grandes pièces assorties de couleurs, noir, blanc et couleur de chair.............	2	50
448. Deuxième qualité, en grandes pièces, assorties de couleurs.................	2	″
449. — en moyennes pièces..................	1	50

GRANDE FABRIQUE

DE

SAVONS DE TOILETTE

DE TOUTES FORMES, ODEURS ET QUALITÉS.

POUR LA BARBE, LES MAINS ET LE BAIN.

SAVON SAISSY ET BERNIER,

Purifié de toutes les substances nuisibles à la peau.

450. Tablettes ornées d'une jolie étiquette, par cartons de six et douze.   9 fr.
451. Le même, chaque tablette dans un coffre riche, doré........   12 fr.

Ce savon est frappé à nos noms.

SAVON BOUTON DE ROSE.

PARFUM CONCENTRÉ.

452. Tablettes incrustées d'un groupe de boutons de roses, et ornées d'une
étiquette allégorique...............................   18 fr.
455. Le même, chaque tablette dans un coffret riche doré.......   22 fr.

	PRIX DE LA DOUZAINE.	
	fr.	c.

SAVON A LA ROSE,
SUPERFIN.

454. Grand modèle........................	15	"
455. Moyen modèle........................	10	"

SAVON A LA ROSE,
VÉGÉTAL.

456. Grand modèle........................	12	"
457. Moyen modèle........................	8	"

Smegmate de Circassie,
SAVON ORIENTAL IMPORTÉ.

458. Tablettes octogones frappées sur les deux faces et enveloppées d'une jolie étiquette....................	15	"
459. Le même, chaque tablette dans une boîte dorée............	24	"

SAVON
A L'HUILE DE COCOS,
IMPORTÉ DE L'INDE.

Très-émollient pour la peau.

460. Tablettes carrées, nouvelle forme, accompagnées d'un prospectus particulier, et décorées d'une jolie étiquette.	9	"

SAVON SMEGMATIQUE,
A LA FÈVE TONKA.

461. Tablettes carrées, même forme que le Savon à l'huile de cocos, et décorées d'une jolie étiquette............	9	"

SAVON D'AMANDES AMÈRES,
EXCELLENT POUR LE BAIN.

Chaque tablette est enveloppée dans une feuille de plomb.

462. Grand modèle........................	12	"
463. Moyen modèle........................	9	"
464. Petit modèle........................	6	
465. Le même, grand modèle, chaque pain dans un coffret doré, riche........................	15	"

Ambrosial Soap.

SAVON D'AMBROISIE,

Excellent pour les mains, et d'une mousse très-grasse pour la barbe.

466. Tablettes carrées, avec prospectus................. | 9 | "

SOAP FLOWER.

FLEUR DE SAVON,

POUR LA BARBE ET LE BAIN.

467. Tablettes carrées, ornées d'une étiquette coloriée, qui sert de frontispice au savon.................... | 7 | 50

Ce savon est fait à l'instar de celui de WILKES de Bond-Street, à Londres.

SAVONS FINS,

A ODEUR DÉSIGNÉE PAR LA FLEUR PEINTE SUR L'ÉTIQUETTE.

	fr.	c.
468. A LA ROSE VÉGÉTALE, grand modèle...........	12	"
469. A LA FLEUR D'ORANGE......................	12	"
470. A L'HÉLIOTROPE.........................	12	"
471. AU BAUME DU PÉROU......................	12	"
472. AU MUSC..............................	12	"
473. A L'OEILLET...........................	12	"
474. AU BOUQUET...........................	12	"
475. A LA VIOLETTE	12	"
476. A L'IRIS DE PERSE......................	12	"
477. AUX MILLE FLEURS......................	12	"
478. AU BENJOIN...........................	12	"
479. A LA CANNELLE........................	12	"
480. AU WITIWERT.........................	12	"
481. Les mêmes odeurs, petit modèle............	8	"

SAVONS SURFINS,

Fortement parfumés.

	fr.	c.
482. A LA VANILLE......................	15	"
483. A L'AMBRE........................	15	"

Vuë du Château des Tuileries.

SAVON DE PARIS.

L'étiquette qui décore ce savon est la même que celle ci-dessus.

	PRIX DE LA DOUZAINE.	
	fr.	c.
485. Tablettes carrées, pâte rose, grand modèle...........	6	"
486. — — moyen modèle...........	4	"

SAVON DE WINDSOR.

	fr.	c.
487. Tablettes carrées, grand modèle................	5	"
488. — — moyen modèle................	4	"
489. — — petit modèle................	3	"

SAVON DE NAPLES.

	fr.	c.
490. Grand modèle..........................	6	50
491. Petit modèle...........................	4	"

SAVON SUPERFIN,

INCRUSTÉ DE PORTRAITS TIRÉS DES MÉDAILLES DE LA MONNAIE.

Par cartons de six, sans étiquette.

Napoléon.	Voltaire.	Duchesse d'Angoulême.
Talma.	Rousseau.	Marie Stuart.
Canning.	Henri IV.	Malsherbe.
Foy.	Charles X.	Jeanne d'Arc.

	fr.	c.
492. Grand modèle........................	9	"
493. Les mêmes, chaque tablette dans un coffret...........	12	"

SAVON FIN,

INCRUSTÉ.

	fr.	c.
496. Les mêmes que ci-dessus, moyen modèle............	6	"

<table>
<tr><td>Nᵒˢ D'ORDRE.</td><td colspan="2">PRIX
DE LA DOUZAINE.</td></tr>
<tr><td></td><td>fr.</td><td>c.</td></tr>
</table>

SAVON SUPERFIN
DES MODES FRANÇAISES.

Étiquettes coloriées avec soin, à portraits tirés du petit Courrier des Dames; leur diversité peut permettre un très-grand assortiment.

	fr.	c.
497. Grand modèle...	9	//
498. Moyen modèle..	6	//

SAVON FIN
DES MODES FRANÇAISES.

Mêmes étiquettes que ci-dessus.

	fr.	c.
499. Grand modèle...	6	//
500. Moyen modèle..	4	//

SAVON FIN,

Orné de très-jolies étiquettes coloriées avec grand soin, représentant des costumes de femmes de diverses nations.

	fr.	c.
501. Grand modèle..	7	50

SAVON AU PALME FIN.

	fr.	c.
502. Briques carrées, grand modèle............................	6	//

Savon de Toilette,
AVEC LES CHANSONS
DE BÉRANGER,

Chaque tablette contient sous son enveloppe un très-joli petit volume, dans lequel on trouve les chansons désignées ci-après.

ROGER BONTEMPS.	LE VIEUX CÉLIBATAIRE.
LA GAUDRIOLE.	LE GRENIER.
MA GRAND'MÈRE.	LES SOUVENIRS DU PEUPLE.

L'étiquette qui sert d'enveloppe à chaque savon, sous un dessin de nouvelle forme, représente une des scènes les plus piquantes qui ont inspiré le dessinateur.

	fr.	c.
510. Grand modèle...	12	//
511. Le même, chaque savon dans un joli carton figurant un livre...	16	//

Ce savon, dont la qualité et l'élégance ne laissent rien à désirer, peut être offert en cadeau par cartons de six assortis.

NOTA. Privilégié par l'auteur pour la vente de ces chansons, je préviens qu'elles ne se trouvent que dans ma fabrique.

SAVONS FINS,

Décorés d'étiquettes diverses.

	PRIX DE LA DOUZAINE.	
	fr.	c.
512. Savon des caricatures, moyen modèle	4	50
513. — — petit modèle	3	//
514. — — plus petit modèle	2	//
515. Savons dits passe-partout	1	50

Ces savons seront assortis d'étiquettes et mis par cartons de six ou douze.

Crêmes de Savons.

CRÊME DE SAVON D'AMANDES,

POUR LA BARBE.

520. Tasses de porcelaine, à couvercle	18	//
521. — — — plus grand modèle	30	//
522. — de cristal	36	//
523. Vases de porcelaine, forme urne, grand modèle	15	//
524. — — — petit modèle	12	//

CRÊME DE SAVON

A L'HUILE DE COCOS.

525. Tasses de faïence bleue, à couvercle	15	//

Cette préparation donne sans peine une mousse grasse, abondante; elle attendrit puissamment la barbe, et ne laisse après l'action du rasoir aucune irritation sur la peau.

MIEL ACÉRANT SAVONNEUX,

POUR LA BARBE.

526. Vases de cristal, forme urne, avec prospectus	48	//
527. Le même, chaque vase dans un joli étui	24	//

Ce savon mousse également avec toutes les sortes d'eaux, froide ou chaude, courante ou stagnante; il convient aux voyageurs et aux militaires.

ESSENCES DE SAVONS.

	PRIX DE LA DOUZAINE.	
	fr.	c.

EXTRAIT DE SAVON
D'AMANDES AMÈRES,
POUR LA BARBE.

550. Flacons de forme anglaise, par cartons de six.........	12	n

ESPRIT
DE SAVON DE WINDSOR.

551. Flacons carrés à pans, grand modèle, ornés d'une jolie étiquette, par cartons de trois.................	12	n

ESSENCE DE SAVON.

552. Flacons carrés, grand modèle....................	6	n
555. — moyen modèle....................	4	50
554. — Petit modèle....................	5	n

POUDRES DE SAVON
PARFUMÉES.
BOÎTES RONDES ET OVALES.

557. De Windsor, blanche, boîtes ovales, grand modèle.....	6	n
558. — — boîtes rondes, grand modèle....	5	n
559. — — moyen modèle....	5	50
540. A la rose, boîtes ovales, grand modèle..............	9	n
541. — — moyen modèle..........	6	n
542. Assorties d'odeurs, boîtes rondes....................	6	n

SAVONNETTES.

550. Boules roses ou blanches de Windsor, grand modèle...	6	
551. — — petit modèle....	6	
552. Boules de savon au palme, grand modèle.............	9	
555. — — — petit modèle............	6	

SAVONNETTES SURFINES,
Assorties d'odeurs assorties.

Vanille.	Œillet.	Violette.	Jasmin.
Héliotrope.	Mille Fleurs.	Fleur d'Orange.	Baume du Pérou.
Ambre.	Bouquet.	Fleurs d'Italie.	Cannelle.

554. Assorties des odeurs ci-dessus......................	15	n
555. A la Rose surfine, forte odeur......................	21	n

	PRIX DE LA DOUZAINE.	
	fr.	c.

SAVONNETTES MARBRÉES.

		fr.	c.
556. Marbrées N° 15		9	//
557. — N° 14		6	//
558. — N° 12		5	//
559. — N° 10		4	//

SAVONNETTES AUX FINES HERBES.

		fr.	c.
560. Aux fines-herbes, très-grasse		5	//
561. Brunes, aux herbes		4	//
562. — — N° 6		2	75
563. — — N° 5		2	//

SAVONS TRANSPARENTS.

		fr.	c.
565. Savon transparent à la rose, incrusté de mon nom		16	//
566. — — à diverses odeurs, grand modèle		12	//
567. — — incrusté des portraits mentionnés au N° 492, grand modèle		10	//
568. Le même, moyen modèle		6	//
569. Le même sans incrustation, enveloppé dans une jolie étiquette, par cartons de six		5	//
570. Le même que ci-dessus, petit modèle		3	50

SAVONNETTES TRANSPARENTES.

		fr.	c.
571. Cartons de six, grand modèle		16	//
572. — petit modèle		12	//

SAVON OCTOGONE,

transparent incrusté.

		fr.	c.
573. Par cartons de six		15	//
574. Le même, chaque pain dans une boîte à double verre		24	//

VÉRITABLE SAVON DE NAPLES.

		fr.	c.
577. Pots d'une once, vert, imprimé		9	//
578. — de deux onces, idem		6	//

	PRIX DE LA DOUZAINE.	
	fr.	c.

Tablettes de Savons de diverses Formes,

Préparées pour nécessaire.

	fr.	c.
579. Windsor, demi lune	5	//
580. — rondes, petit modèle	5	//
581. — — grand modèle	10	//
582. A la Rose, superfin, demi-lune	16	//
583. — — rondes, petit modèle	16	//
584. — — — grand modèle	32	//
585. Odeurs fines assorties, demi-lune, petit modèle	10	//

POUDRES DE SAVON.

	fr.	c.
586. De Windsor . . . . la livre.	3	//
587. À la Rose superfine	8	//
588. À la Rose végétale	6	//
589. Aux palmes, et *odeurs assorties*	5	//

NÉCESSAIRES A BARBE,

Garnis de glaces, brosses et savon.

	fr.	c.
595. Ronds et carrés en noyer ordinaire, avec glace	12	//
596. Le même, sans glace	10	//
597. Ronds, en acajou, mérisier ou autres bois vernis, garnis de cuvettes en étain, avec brosses et savons fins	50	//
598. Avec brosses en blaireau pur	56	//

MIROIRS DE POCHE.

	fr.	c.
599. Miroirs ronds, à couvercle, vernis, 5 pouces	15	//
600. — — — 4 pouces	10	//
601. — — polis, 5 pouces	12	//
602. — — — 4 pouces	7	//
603. — — — 3 1/2 pouces	4	50
604. — — — 3 pouces	3	50
605. — — — 2 pouces	2	50
606. Miroirs de bouche, ovales	24	//
607. Le même, fermant avec glace des deux cotés	55	//
608. Miroirs à anneaux, en acajou verni, 5 1/2 pouces	15	//
609. — — 6 1/2 pouces	20	//
610. — — 7 1/2 pouces	24	//

| | PRIX |
| | DE LA DOUZAINE. |

Brosserie.

BROSSES A DENTS,

EN OS.

	fr.	c.
611. 2 têtes, manches unis............................	1	50
612. 2 — 5 rangs, sciées, manches à olive..............	2	50
613. 2 — 4 rangs, — idem.................	5	50
614. 1 — 5 rangs, à l'anglaise, manche bougie..........	6	"
615. 1 — 4 rangs, — idem............	7	"
616. 1 — 4 rangs, à la russe, marquées de mon nom....	8	50
617. 1 — 4 rangs, les deux rangs du milieu durs, et les deux du bord doux.......................................	8	"

Cette brosse est excellente pour les personnes qui ont les gencives délicates.

	fr.	c.
620. 1 tête, 4 rangs, plombées, ordinaires, manches bougie.	9	
621. 1 — 4 rangs, — fines, idem......	12	"
622. 1 — 4 rangs, poil de blaireau, à l'anglaise..........	10	"
623. 1 — 5 rangs, — idem...........	9	"
624. 1 — 7 rangs, à l'anglaise........................	12	"

Cette brosse sert à nettoyer la dent sur toutes les faces en même temps.

	fr.	c.
625. 1 tête, 4 rangs, manches façonnés, assorties.........	9	"

BROSSES A DENTS,

EN CORNE.

	fr.	c.
650. 2 têtes, 5 rangs, sciées, manches à olive............	5	50
651. 2 — 4 rangs, — idem.................	4	50
652. 1 — 4 rangs, à l'anglaise, blondes ou jaspées......	8	50
653. 1 — 5 rangs, — idem...........	7	50
654. 2 — 4 rangs, dent de cheval......................	10	"
655. 1 — 4 rangs, à l'anglaise, poil de blaireau........	11	"
656. 1 — 5 rangs, — idem...........	10	"
657. 1 — 4 rangs, à la russe, marquées de mon nom...	9	"
658. 1 — 4 rangs, corne de buffe noire...............	15	"
659. 1 — 4 rangs, — — plombées.......	18	"

	PRIX DE LA DOUZAINE.	
	fr.	c.

BROSSES A ONGLES.

	fr.	c.
641. En os, 4 rangs, sciées	6	"
642. — 6 — — manches à croissant ou en spatule.	8	"
643. — 8 — — idem, idem	10	"
644. — 8 — — manches à palmette	12	"
645. — 5 — à l'anglaise	15	"
646. En corne, 7 rangs, à l'anglaise, croissant ou spatule.	18	"
647. — 8 — idem, idem, idem	20	"
648. — 9 — idem, idem, idem	22	"
649. — 10 — idem, idem, idem	24	"
650. En buffle, 8 — plombées, idem, idem	24	"
651. Briquets en corne, 5 rangs	9	"
652. — en os, 5 rangs	8	"

BROSSES A PEIGNES.

	fr.	c.
660. 5 rangs, sanglier fin, en bois de rose, garni d'ivoire	16	"
661. 5 — — — — plus petites.	12	"
662. 4 — — — garni d'ivoire	10	"
663. 5 — — , bois de rose ou d'ébène	10	"
664. 4 — — idem, idem	8	"
665. 4 — — idem, idem, plus petites.	6	"
666. 5 — manche noir à boule et mouche de nacre, fort modèle	9	"
667. 5 — les mêmes que ci-dessus	5	"
668. 5 — manches à champignon et plaque en os	4	50
669. 5 — — — — en buis	4	
670. 4 — — — — idem	5	50
771. 2 — — — — idem	2	50

BROSSES A BARBE,

MONTÉES SUR PLAQUE.

	fr.	c.
675. En poil de chèvre, monture bois de rose	2	50
676. En blaireau mêlé, monture en bois imitant l'ébène	7	"
677. En blaireau pur, 2 rangs, manches noirs unis	9	"
678. — 2 — manches façonnés dits castagnettes	12	"
679. — 5 — urnes ou castagnettes	16	"
680. — 4 manche à mouche de nacre fort modèle	55	"

	PRIX	
	DE LA DOUZAINE.	
	fr.	c.

BROSSES À BARBE,

POISSÉES.

	fr.	c.
686. En blaireau pur, godet d'étain, petit modèle..........	12	"
687. Les mêmes, moyen modèle......................	15	"
688. Les mêmes, grand modèle.....................	20	"
689. Les mêmes, plus grand modèle...................	24	"
690. En blaireau pur, godets de cocos.................	30	"
691. — godets d'os, imitant l'ivoire.........	30	"
692. — tout plaqué, à boule, petit modèle....	24	"
693. — — — moyen modèle..	27	"
694. — — — grand modèle....	36	"
695. — tout plaqué, godet droit, petit modèle..	22	"
696. — — — moyen modèle.	27	"
697. — — — grand modèle.	33	"
698. En poil de sanglier, godets d'étain, petit modèle.......	6	"
699. — — grand modèle......	9	

BROSSES A TÊTE.

	fr.	c.
701. En sanglier, à manche, forme poire, bois de rose poli...	7	50
702. — concaves, 8 rangs, bois des iles verni.....	10	"
703. — — 9 rangs, idem...........	12	"
704. — — 9 rangs, forme poire....... ...	14	"
705. — plates, échancrées....................	18	"
706. Sanglier de choix, forme poire....................	24	"
707. — forme tonneau...................	24	"
708. — concaves, 15 rangs..............	27	"
709. — demi hérisson, acajou plaqué......	24	"
710. — — acajou massif......	27	"
711. — forme poire anglaise, mille voies...	30	"
712. — coing anglais, plaquées en citron....	42	"
713. — 2 soies, 17 rangs, plates, échancrées.	33	"
714. — 2 — 15 rangs, idem......	30	"
715. — à papillottes....................	15	"
716. — à favoris....................	9	"

ARTICLES DIVERS
POUR LA TOILETTE.

		PRIX DE LA DOUZAINE.	
		fr.	c.
717.	Houppes de cygne, petit modèle	7	50
718.	— — grand modèle	9	"
719.	— — de choix	15	"
720.	Coiffes à perruques, en soie	15	"
721.	— — en fil	7	50
722.	Papillottes invisibles, simples, en soie	1	"
723.	— à points de chaînettes	1	50
724.	Tortillons en peau blanche, assortis de grosseurs	1	"
725.	— en peau noire	1	25
726.	Papier brouillard, la rame	4	50
727.	— lisse	6	"
728.	Calottes de papier brouillard, la grosse	5	"
729.	Épingles noires, simples ou doubles, la livre	2	25
730.	— bronzées	5	50
731.	Pointes à perruques	5	75

HUILES ESSENTIELLES.

740.	Bergamotte la livre		
741.	Citron au zest id		
742.	Cédrat fin id		
743.	Portugal id		
744.	Lavande fine id		
745.	Thym id		
746.	Romarin id		
747.	Serpolet id		
748.	Fenouil id		
749.	Marjolaine id		
750.	Carvi id		
751.	Roses l'once		
752.	Neroli superfin id		
753.	— fin id		
754.	Menthe anglaise id		
755.	Petit Grain id		
756.	Cannelle id		
757.	Girofle id		
758.	Rhodes id		
759.	Anis id		
760.	Macis id		
761.	Santal citrin id		

Le prix de ces essences n'est pas imprimé à cause de la variété de leur cours.

Nécessaires

GARNIS DE PARFUMERIES.

763. Boîtes carrées en cartonnage, décorées d'une glace en dedans et d'un sujet peint sur verre en dessus; fermée par une serrure... 12 fr.

Cette boîte contient un savon à l'Huile de Cocos, une boîte de poudre Dentifrice, un flacon Eau de Miel, un flacon Essence Virginale, un flacon Extrait de vinaigre, et une brosse à dents à l'anglaise.

764. Petites boîtes en cartonnage, figurant une malle... 4 fr.

Cette boîte contient un savon, un flacon Extrait d'odeurs, et une boîte poudre Dentifrice.

765. Boîtes rondes, dites soleils... 7 fr.

Ces boîtes contiennent six flacons d'Huile antique et six flacons d'Extrait d'odeurs, et au centre une boîte de pastilles à brûler.

766. Boîtes carrées, avec dessus en verre peint... 6 fr.

Ces boîtes contiennent six flacons d'Huile antique et six flacons d'Extrait d'odeurs.

TABLE DES MATIÈRES.

EAUX DE LAVANDE.

EAUX DE TOILETTE.

PRÉPARATIONS CÉPHALIQUES,
ALKALINES ET RAFRAICHISSANTES.

PRÉPARATIONS DENTIFRICES.

PRÉPARATIONS COSMÉTIQUES.

NÉCESSAIRES DE TOILETTE.

FIN.